Reinhard Abeln

Das große Hausbuch für die Fasten- und Osterzeit

Reinhard Abeln

Das große Hausbuch
für die Fasten- & Osterzeit

benno

Bibliografische Information der Deutschen Nationalbibliothek
Die Deutsche Nationalbibliothek verzeichnet diese Publikation in der
Deutschen Nationalbibliografie; detaillierte bibliografische Daten sind
im Internet über http://dnb.d-nb.de abrufbar.

Besuchen Sie uns im Internet:
www.st-benno.de

Gern informieren wir Sie unverbindlich und aktuell auch in unserem
Newsletter zum Verlagsprogramm, zu Neuerscheinungen und Aktionen.
Einfach anmelden unter www.st-benno.de.

ISBN 978-3-7462-4891-2

© St. Benno Verlag GmbH, Leipzig
Umschlaggestaltung: Ulrike Vetter, Leipzig
Umschlagfotos: © Wanja Jacob/Fotolia, © Elena Schweitzer/Fotolia,
© Picture-Factory/Fotolia
Layout und Gesamtherstellung: Arnold & Domnick, Leipzig (B)

Inhaltsverzeichnis

Die Fasten- und Osterzeit mit der ganzen Familie   6

Aschermittwoch und Fastenzeit   7

Die Karwoche   39

Ostern   67

Christi Himmelfahrt   95

Pfingsten   107

Die Fasten- und Osterzeit mit der ganzen Familie

Ostern – nicht Weihnachten – ist das älteste und das wichtigste Fest im Kirchenjahr. Wir Christen feiern die Auferstehung Jesu von den Toten. Wir freuen uns darüber, dass Gott Jesus wieder zum Leben erweckt hat und auch uns nach unserem Tod neues Leben schenken wird.

Weil Ostern das höchste Fest, das „Fest aller Feste", ist, nehmen wir uns ab Aschermittwoch vierzig Tage Zeit, um uns darauf vorzubereiten. Wir nennen diese Zeit vorösterliche Bußzeit oder Fastenzeit.

Und nach Ostern lassen wir ganze sieben Wochen – oder genauer: 50 Tage – die Freude und Hoffnung, die vom Osterfest ausgeht, weiterklingen. Den Abschluss der Osterzeit bildet das Pfingstfest: Gott sendet seinen Geist.

Dieses Buch will Eltern und Kinder, Großeltern und Enkel dazu anregen, der Osterfestzeit auf die Spur zu kommen: mit Hilfe von wichtigen Informationen, biblischen Texten, Geschichten und Erzählungen, alten und neuen Liedern, Gedichten, Bräuchen, Gebeten, einfachen Bastelvorschlägen, leckeren Koch- und Backrezepten, beliebten Spielen, Rätseln und anderem mehr.

Allen Leserinnen und Lesern wünsche ich mit diesem bunten Ideenbuch viel Osterfreude!

Reinhard Abeln

Die Fastenzeit: Zeit der Besinnung

Am Aschermittwoch ist der Karneval zu Ende. In den vergangenen Tagen ging es sehr laut zu: Wir haben uns Masken aufgesetzt und Kostüme angezogen. Wir haben uns als Cowboy oder Rotkäppchen, als Hexe oder Pirat verkleidet. Wir haben uns wohl gefühlt und viel Spaß gehabt. Nun beginnt eine stille und ernste Zeit.

Im Gottesdienst am Aschermittwoch zeichnet uns der Priester ein Aschenkreuz auf die Stirn. Dabei spricht er: „Bedenke, Mensch, dass du Staub bist und wieder zum Staub zurückkehren wirst" oder auch: „Bekehrt euch und glaubt an das Evangelium!"

Die Asche macht uns deutlich, dass alles Leben einmal zu Ende geht. Das Kreuz aber, das auf unsere Stirn gezeichnet wird, sagt uns, dass der Tod nicht das Ende ist. Wenn wir sterben, dürfen wir bei Gott weiterleben.

Aschermittwoch und Fastenzeit

Am Aschermittwoch beginnt die sogenannte „Fastenzeit" oder auch „vorösterliche Bußzeit". Sie dauert vierzig Tage und endet am Karsamstag, dem Tag vor Ostern. In dieser Zeit trägt der Priester beim Gottesdienst ein violettes Messgewand.
In der Fastenzeit bereiten wir uns auf Ostern, das wichtigste Fest der Christen, vor. Wir überlegen, was wir in diesen Wochen besser machen können: nicht so viel streiten, geduldiger miteinander sein, nicht so laut schreien ... Wir denken darüber nach, was wir Gutes tun können: anderen helfen, mit den Geschwistern teilen, andere Kinder mitspielen lassen ...
Wir denken in dieser Zeit auch ganz besonders an die Hungernden und Armen. Wir spenden für sie zum Beispiel in der Misereor-Fastenaktion. Misereor ist ein lateinisches Wort und heißt: „Ich erbarme mich."

Vierzig Tage bis Ostern

Wenn wir einen Kalender zur Hand nehmen und die Tage von Aschermittwoch bis Ostern zählen, kommen wir gar nicht auf vierzig Tage. Das liegt daran, dass die Sonntage bei den vierzig Tagen nicht mitgezählt werden. Am Sonntag erinnern wir uns schließlich immer an die Auferstehung Jesu. Deshalb sind die Sonntage keine Fastentage.

Übrigens ist die Zahl Vierzig in der Bibel von besonderer Bedeutung: Vierzig Tage und Nächte dauerte die große Flut, der nur Noach mit seiner Familie entkam. Vierzig Tage hielt sich Mose auf dem Berg Sinai auf, um die Zehn Gebote in Empfang zu nehmen. Vierzig Jahre wanderte das Volk Israel durch die Wüste. Vierzig Tage fastete Jesus in der Wüste und wurde vom Teufel versucht.

Die Zahl Vierzig ist die Zahl der Erwartung, der Vorbereitung, der Buße, des Fastens.

Aus der Bibel: Jesus widersteht dem Teufel

Jesus war in die Wüste gegangen, um zu beten und zu fasten. Nach vierzig Tagen und vierzig Nächten hatte er großen Hunger und Durst. Dies nützte der Teufel aus, um ihn zu versuchen. Er sagte zu ihm: „Wenn du der Sohn Gottes bist, so mache, dass diese Steine zu Brot werden. Dann hast du keinen Hunger mehr."
Jesus antwortete: „Nein, das mache ich nicht, denn Gott sagt: Der Mensch soll nicht vom Brot allein leben, sondern von jedem Wort, das von Gott kommt."
Der Teufel versuchte es noch einmal und nahm Jesus mit nach Jerusalem. Er stellte ihn auf die höchste Stelle der Tempelmauer und begann wieder zu reden: „Wenn du der Sohn Gottes bist, dann stürze dich da hinunter. Es kann dir gar nichts passieren. Es steht doch geschrieben, dass du nicht einmal deinen Fuß an einem Stein stoßen wirst. Die Engel Gottes werden dich schützen."
Jesus antwortete: „Es steht aber auch geschrieben: Du sollst den Herrn, deinen Gott, nicht versuchen."
Jetzt nahm ihn der Teufel mit auf einen sehr hohen Berg. Von dort aus zeigte er ihm die ganze schöne Welt. Er sagte: „Dies alles will ich dir geben, wenn du niederfällst und mich anbetest."
Jesus entgegnete: „Geh weg, Satan, du böser Teufel! Denn es steht geschrieben: Den Herrn, deinen Gott, sollst du anbeten und ihm allein dienen."
Nun verschwand der Teufel. Dann kamen Engel und dienten Jesus.

Nach Matthäus 4,1–11

Immer die anderen

Jeder Mensch trägt zwei Rucksäcke: den einen auf seiner Brust, den anderen auf seinem Rücken. Beide sind vollgestopft mit Fehlern. Der vordere Rucksack enthält die Fehler von meinem Nächsten, der Rucksack hinten enthält meine eigenen Fehler.

Dies ist auch der Grund, weshalb die Menschen blind sind für ihre eigenen Fehler, die Fehler ihres Nächsten jedoch nicht aus dem Blick verlieren.

Aesop

Aschermittwoch und Fastenzeit

Tag und Nacht

Seit alters her haben die Christen es als einen besonderen Sinn des Fastens angesehen, mit Armen, Kranken, Hungernden und Notleidenden zu teilen. Auch für uns gilt heute, in den Wochen vor Ostern besondere Werke der Nächstenliebe zu tun. Wenn dies geschieht, „dann ist die Nacht zu Ende und der Tag ist angebrochen", wie eine jüdische Legende erzählt:

Ein Rabbi fragte seine Schüler: „Wann ist der Übergang von der Nacht zum Tag?"
Der erste Schüler antwortete: „Dann, wenn ich ein Haus von einem Baum unterscheiden kann."
„Nein", gab der Rabbi zur Antwort.
„Dann, wenn ich einen Hund von einem Pferd unterscheiden kann", versuchte der zweite Schüler eine Antwort.
„Nein", antwortete der Rabbi.
Und so versuchten die Schüler nacheinander, eine Antwort auf die Frage zu finden. Schließlich sagte der Rabbi: „Wenn du das Gesicht eines Menschen siehst und darin das Gesicht deines Bruders oder deiner Schwester entdeckst, dann ist die Nacht zu Ende und der Tag ist angebrochen."

Die Frau und die Zwiebel

Es lebte einmal ein altes Weib, das war sehr, sehr böse. Eines Tages starb sie. Diese Alte hatte in ihrem Leben keine einzige gute Tat vollbracht.

Da kamen denn die Engel, ergriffen sie und warfen sie in den Feuersee. Ihr Schutzengel aber stand da und dachte: Kann ich mich denn keiner einzigen guten Tat von ihr erinnern, um sie Gott mitzuteilen?

Da fiel ihm etwas ein und er sagte zu Gott: „Sie hat einmal aus ihrem Gemüsegärtchen ein Zwiebelchen herausgerissen und es einer Bettlerin gegeben."

Und Gott antwortete ihm: „Nimm dieses selbe Zwiebelchen und halte es ihr hin in den See, sodass sie es ergreifen und sich herausziehen kann. Und wenn du sie aus dem See herausziehen kannst, so möge sie in das Paradies eingehen; wenn aber das Zwiebelchen reißt, so soll sie bleiben, wo sie ist."

Der Engel lief zum Weib und hielt ihr das Zwiebelchen hin. „Nun", sagte er zu ihr, „fass an und wir wollen sehen, ob ich dich herausziehen kann." Und er begann vorsichtig zu ziehen – und zog sie beinahe schon ganz heraus.

Als aber die anderen Sünder im See bemerkten, dass sie herausgezogen wurde, klammerten sie sich alle an sie, damit man

Aschermittwoch und Fastenzeit

auch sie mit ihr zusammen herauszöge. Aber das Weib war böse, sehr böse und stieß sie mit ihren Füßen zurück und schrie: „Nur mich allein soll man herausziehen und nicht euch. Es ist mein Zwiebelchen und nicht eures!"

Wie sie aber das ausgesprochen hatte, riss das kleine Pflänzchen entzwei. Und das Weib fiel in den Feuersee zurück und brennt dort noch bis auf den heutigen Tag. Der Engel aber weinte und ging davon.

Fjodor Michailowitsch Dostojewski

Zu Gott unterwegs

Aus den Dörfern und Städten
sind wir unterwegs zu dir.
Aus den Tälern und Bergen
sind wir unterwegs zu dir.

Mit den leidenden Brüdern
sind wir unterwegs zu dir.
Mit den lachenden Kindern
sind wir unterwegs zu dir.

Als Bauleute des Friedens
sind wir unterwegs zu dir.
Als Boten der Gerechtigkeit
sind wir unterwegs zu dir.

Aschermittwoch und Fastenzeit

Als Zeugen deiner Liebe
sind wir unterwegs zu dir.
Als Glieder deiner Kirche
sind wir unterwegs zu dir.

Wenn wir das Brot teilen,
sind wir unterwegs zu dir.
Wenn wir die Schwachen stützen,
sind wir unterwegs zu dir.

Wenn wir für die Verfolger beten,
sind wir unterwegs zu dir.
Wenn wir das heilige Opfer feiern,
bist du bei deinem Volk.

Kirchenlied aus Lateinamerika

Reich und doch bettelarm

Ein reicher Mann starb und erwachte im Paradies. Ein reich gedeckter Tisch versprach ihm wahrhaft himmlische Freuden. Und alles kostete nur einen Cent, so sagte man ihm. Da dachte der Mann daran, wie viel Geld er besaß, und freute sich von ganzem Herzen darüber, was er alles kaufen konnte.

Doch als er bezahlen wollte, schüttelte man heftig den Kopf: „Bei uns gilt nur das Geld, das einer auf Erden verschenkt hat!" Nein, verschenkt hatte er nichts auf Erden. Der reiche Mann wurde ganz traurig. Im Paradies war er plötzlich bettelarm. Er hatte keinen Cent der Liebe angespart.

Nach einer Sage aus Asien

Gemeinsam aufs Kreuz schauen

Das Kreuz, Zeichen unseres Heiles und unserer Erlösung, ist das zentrale Symbol der Fastenzeit. In den Wochen zwischen Aschermittwoch und Ostern können wir es in der Familie besonders beachten, indem wir …

… gemeinsam den Kreuzweg gehen, in der Kirche oder einen Kreuzweg draußen, den es sicherlich irgendwo in unserer Umgebung gibt;

… einmal eine bewusste „Kreuz-Pilgerreise" unternehmen: zu Kirchen, Plätzen oder Berghöhen, um dort unterschiedliche Kreuzdarstellungen zu entdecken;

… miteinander ein Kreuz für unsere Wohnung herstellen, zum Beispiel aus Holz, Ton oder Mosaiksteinen, oder ein Kreuz malen oder aus Bildern zusammenfügen.

Was heißt fasten?

Der frühere Bischof der Diözese Rottenburg-Stuttgart, Georg Moser, hat in einem Brief an die Kinder erklärt, was unter Fastenzeit zu verstehen ist:

Es geht nicht darum, Hungerkünstler zu werden. Es geht vielmehr um den Verzicht. Wenn wir auf manches verzichten, werden wir offen und frei, gewinnen Zeit und haben sogar von unserem Geld etwas übrig. Die freie Zeit können wir alle gut gebrauchen: in Ruhe beten können – die Gottesdienste mitfeiern – miteinander Gespräche führen – ein gutes Buch lesen. Man kann auf vieles verzichten, was uns das Jahr über die Zeit wegstiehlt, beispielsweise das viele Fernsehen. Und wie ist's beim Einkauf im nächsten Supermarkt? Wie wär's, wenn ihr ausprobieren würdet, ob ihr an all den Herrlichkeiten vorbeigehen könnt, ohne gleich zu denken: Das muss ich haben!"

Aschermittwoch und Fastenzeit

Für gespartes Taschengeld weiß ich einen großartigen Verwendungszweck, der anderen und zugleich euch Freude macht: In der Fastenzeit ist nämlich der Misereor-Sonntag. Da sammeln und spenden wir, um denen zu helfen, die so arm sind, wie ihr es euch gar nicht vorstellen könnt. „Hungrige speisen – Durstige tränken – Nackte bekleiden" – das ist der Maßstab Jesu für seine Jünger.

Vorsätze für die Fastenzeit

Wir wollen **Hilfe** bringen zu allen,

die in Not sind.

Wir wollen denen **Freude** machen,

die traurig sind.

Wir wollen **Frieden** stiften unter denen,

die sich zanken und streiten.

Wir wollen **Liebe** bringen zu allen,

die einsam und allein sind.

Wir wollen denen **Hoffnung** schenken,

die mutlos und verzweifelt sind.

Wir wollen den **Glauben** zu allen bringen,

die nicht glauben können.

Weisheiten

Es ist besser, ein Licht anzuzünden,
als die Finsternis zu verfluchen.

Aus Afrika

Das Lächeln, das du aussendest,
kehrt zu dir zurück.

Aus Indien

Man kann Weinenden
nicht die Tränen abwischen,
ohne sich die Hände nass zu machen.

Aus Südafrika

Es ist das Herz, das gibt,
die Finger geben nur her.

Aus Afrika

Wer keine Zeit hat für andere,
ist ärmer als ein Bettler.

Aus Nepal

Hungertücher begleiten durch die Fastenzeit

Im elften Jahrhundert entstand der Brauch, den Altar einer Kirche während der Fastenzeit mit einem Hungertuch bzw. Fastentuch zu verhängen. Für die Menschen früher war das ein „Fasten mit den Augen". Zu Ostern, dem Fest der Auferstehung Jesu, freuten sie sich dann, wenn sie den Altar wieder sehen konnten.

Später wurden auf die Hungertücher Zeichen und Bilder gestickt, die auf die vorösterliche Fastenzeit und auf das Leiden Jesu hinweisen sollten. Diese bestickten Tücher begleiteten die Menschen durch die vierzig Tage der Passionszeit und erinnerten sie an das Leiden und Sterben Jesu.

Im Mittelalter wurden auf den Fastentüchern neben der Leidensgeschichte auch andere biblische Szenen dargestellt. Zu den berühmten Fastentüchern gehörte das von Konrad von Friesach, das er 1458 für den Dom zu Gurk in Kärnten gestaltete. Es war neun Quadratmeter groß. Auf 100 Bildfeldern waren Szenen aus dem Alten und Neuen Testament zu sehen.

Etwa ab dem 18. Jahrhundert ist der Brauch der Hunger- bzw. Fastentücher in Vergessenheit geraten. Doch in neuerer Zeit ist er wiederbelebt worden. Das Bischöfliche Hilfswerk „Misereor" in Aachen lässt seit 1976 alle zwei Jahre ein Hungertuch gestalten. Manche Pfarrgemeinden stellen aber auch eigene Hungertücher her.

Heute hat sich auch der Brauch entwickelt, ein Hungertuch – als Symbol der vorösterlichen Bußzeit – in unseren Wohnungen aufzuhängen. Das Hilfswerk „Misereor" bietet solche Hungertücher an.

Brauchtum in der Fastenzeit

In der Fastenzeit gibt es zwei Bräuche, vor allem in Süddeutschland, die schon sehr alt sind: das Brauen des Fastenbiers und das Backen der Fastenbrezel.

Fastenbier

Mönche haben den Brauch des Fastenbierbrauens im Mittelalter erfunden. Sie wollten das Fastengebot umgehen und brauten deshalb ein besonders starkes Bier.

Fastenbrezel

Die Fastenbrezel wurde im Mittelalter während der Fastenzeit gebacken. Ab Aschermittwoch wurden die Armen, die an eine Klosterpforte anklopften, mit diesem Fastengebäck (Kreis aus Teig mit einem Kreuz als Mittelpunkt) bedacht. Jeder, der eine Fastenbrezel aß, sollte an das Leiden Christi erinnert werden.

Zweimal eine Mahlzeit

In der frühen Kirche und im Mittelalter sah die Fastenzeit so aus: Auf Fleisch und Wein verzichtete man die gesamten vierzig Tage. War die Fastenzeit zur Hälfte vorbei, kamen auf die Verbotsliste auch Milch und daraus gewonnene Erzeugnisse wie Butter und Käse, außerdem Eier. Heute schreibt die Kirche den Gläubigen ein Vollfasten noch an zwei Tagen vor: am Aschermittwoch und am Karfreitag. Das bedeutet: An diesen Tagen soll eine Mahlzeit genügen. Befreit von dieser Vorschrift sind Kinder, Alte, Kranke, Schwangere und Menschen, die schwer arbeiten müssen.

Fastenessen

Während der Fastenzeit wird in vielen Kirchengemeinden ein Fastenessen angeboten. Oft gibt es nur einen Eintopf oder ein schlichtes Reisgericht. Dieses einfache Essen soll uns, die wir reichlich zu essen haben, daran erinnern, dass viele Menschen auf der Welt hungern und nicht wissen, wie sie den nächsten Tag überstehen sollen.

Vergib mir!

Vater im Himmel,

ich liebe die anderen nicht immer.

Ich bin oft zornig und gemein.

Manchmal sage ich nicht die Wahrheit.

Manchmal bin ich neidisch.

Manchmal vergesse ich,

dass du mein Freund bist.

Vergib mir,

ich will versuchen, besser zu werden.

Amen.

Jeder hat Fehler – ich auch

Lieber Gott,

es gibt keinen Menschen,

der alles richtig macht.

Jeder hat seine Fehler –

ich auch.

Was aber noch schlimmer ist:

Ich lebe oft so,

als wenn es dich gar nicht gäbe.

Bitte, guter Gott, vergib mir,

was dir an mir nicht gefällt!

Ich danke dir.

Amen.

Eine Osterwiese anlegen

Wir brauchen dazu:
- Blumentopf aus Ton oder Keramikschale oder Plastiktablett (mit nicht zu niedrigem Rand) oder eine leicht gewölbte Baumrinde
- Blumenerde
- Gras- und Kressesamen
- Weizen- oder Gerstenkörner
- Pinsel und Acrylfarbe zum Gestalten der Tontöpfe

So wird's gemacht:
Gefäß mit Blumenerde füllen, Samenkörner darauf verteilen und ganz leicht andrücken. Die zukünftige Wiese an einen hellen, sonnigen Platz stellen und regelmäßig gießen. Das Gras, wenn es zu hoch wird, mit einer Schere „mähen"; unmittelbar vor Ostern die Wiese mit bunten Eiern, Hasen, Küken schmücken. Die Osterwiese kann zu Ostern auf dem Ostertisch als Tischschmuck oder – mit Namenskärtchen versehen – als „Platzkarte" dienen.

Gehirngymnastik

Bei diesem Spiel muss jeder seinen Kopf anstrengen. Alle Mitspieler sitzen im Kreis und bekommen nacheinander die Aufgabe, einen möglichst langen, aber sinnvollen Satz zu bilden. Das Schwierige dabei ist, dass jedes Wort dieses Satzes mit dem gleichen, vorher bestimmten Buchstaben (ausgenommen natürlich die Buchstaben C, J, Q, X, Y) beginnen muss.

Ein Satz mit dem Buchstaben „A" kann zum Beispiel so lauten: „Am Aschermittwoch achten alle Autofahrer auf Ampeln." Das ist nicht immer leicht, aber Spaß macht es trotzdem. Wer den längsten Satz bastelt, ist Sieger.

Kartoffel-Möhren-Puffer

Wir brauchen dazu:

- 200 g Kartoffeln
- 200 g Möhren
- 1 Zwiebel
- 3 EL Mehl
- 2 Eier
- Öl
- 1 Beet Kresse
- 150 g Joghurt
- 1–2 EL süß-scharfe Chilisauce
- Salz
- 1 TL Zitronenschale

So wird's gemacht:

Kartoffeln und Möhren schälen und fein raspeln; die Zwiebel fein würfeln. Alles mit Mehl und Eiern zu einem glatten Teig verrühren. In je einem TL Öl sechs Puffer backen. Ein halbes Beet Kresse mit Joghurt, Chilisauce, Salz und Zitronenschale verrühren, die Puffer mit der restlichen Kresse bestreuen und die Joghurtsauce dazu servieren.

Frühlingssuppe

Wir brauchen dazu:
- 600 g Kohlrabi
- 500 g kleine Möhren
- 1 l Gemüsebrühe
- 100 g Linsenkeimlinge
- Salz, Pfeffer, Kerbel, Estragon

So wird's gemacht:
Kohlrabi und Möhren schälen, würfeln und in der Gemüsebrühe etwa 5 Minuten garen. Die gut abgespülten Linsenkeimlinge zufügen und weitere 3 Minuten köcheln lassen. Die Suppe mit Salz und Pfeffer abschmecken und mit den gehackten Kräutern bestreut servieren.

Sprichworte für die Fastenzeit

Gib dem, der hungert,
von deinem Brot!
Dem Traurigen aber gib
von deinem Herzen!

Man kann nicht jeden Tag
etwas Großes tun,
aber bestimmt etwas Gutes.

Guter Anfang
ist die halbe Arbeit.

Aschermittwoch und Fastenzeit 35

Quizfrage

Woher stammt die Asche, mit der den Gläubigen ein Kreuz auf die Stirn gezeichnet wird?

a) aus dem Weihrauchfass
b) aus den verbrannten Palmzweigen des Vorjahres
c) aus dem Ofen des Pfarrers
d) aus dem vorjährigen Osterfeuer

Auflösung: b) aus den verbrannten Palmzweigen des Vorjahres. Die Asche wird für die Spendung des Aschenkreuzes vom Priester gesegnet.

Zum Schmunzeln

„Herr Lehrer! Ich weiß ein Wort, das mit ‚A' anfängt und mit ‚och' aufhört!"
„Pfui, Torsten, so was sagt man doch nicht!"
„Wieso, was haben Sie denn gegen Aschermittwoch?"

Lehrer: „Wozu gehören die Wale?"
„Zu den Säugetieren."
„Sehr gut. Und wozu gehört der Hering?"
„Zum Aschermittwoch."

Aschermittwoch und Fastenzeit

„Was habt ihr euch für die Fastenzeit konkret vorgenommen?", fragt der Lehrer im Religionsunterricht seine Schüler.
Großes Schweigen. Nach einer Weile antwortet Ulli: „In dieser Zeit werde ich unserem Hund keine Wurst geben!"

Der Pfarrer erklärt den Kindern in der Fastenzeit: „Wir sind auf der Welt, um den Anderen Gutes zu tun!"
Da fragt Lea treuherzig zurück: „Und wozu sind die Anderen da?"

Stilblüten aus Schulaufsätzen

„Der Aschermittwoch erinnert daran, dass der Mensch staubig ist und wieder in den Staub fallen wird."

„Am Karfreitag darf man kein Fleisch essen, außer einen Schwerkranken."

Die Karwoche

Palmsonntag

Der Palmsonntag ist der Sonntag vor Ostern. Wir erinnern uns an diesem Tag an den Einzug Jesu in Jerusalem. Die Bibel erzählt von diesem Ereignis:

Viele Menschen von nah und fern waren unterwegs nach Jerusalem. Dort wollten sie das große Paschafest feiern. Unter diesen Menschen war auch Jesus mit seinen Jüngern. Auch er war auf dem Weg nach Jerusalem. Diesmal ging er nicht zu Fuß. Er ritt auf einem jungen Esel in die Stadt ein.

Die Menschen erkannten Jesus und drängten sich um ihn. Sie wussten, dass er viele Wunder gewirkt und Kranke geheilt hatte. Die Leute jubelten ihm zu. Viele legten ihre Kleider auf die Straße, holten Palmzweige von den Bäumen und winkten ihm damit zu. Sie riefen: „Hosanna dem Sohne Davids!" So zog Jesus wie ein König in Jerusalem ein.

Nach Matthäus 21,1–11

Die Karwoche

Am Palmsonntag ehren wir Jesus wie die Leute in Jerusalem. Wir nehmen Buchsbaum- oder Weidenzweige mit in die Kirche. Die Zweige sind häufig Büschen gebunden und mit bunten Bändern schön geschmückt. Wenn die Zweige geweiht sind, ziehen wir in einer Prozession durch oder um die Kirche. Der Priester trägt einen roten Mantel – wie ein König.

Nach dem Gottesdienst nehmen wir die geweihten Zweige mit nach Hause. Wir stecken sie hinter das Kreuz oder ans Weihwassergefäß oder heften sie an eine Tür. Einzelne Zweige stellen wir in unsere Blumenvasen. Damit zeigen wir: Gott ist mit seinem Segen immer und überall für uns da.

Mit dem Palmsonntag beginnt die „Heilige Woche" oder Karwoche. Das Wort „Kar" ist althochdeutsch und bedeutet Sorge oder Kummer. Es ist die Woche, in der wir an das Leiden und Sterben von Jesus erinnert werden.

Palmstock

Wir brauchen dazu:
- Holzstange oder Stock
- Palmzweige
- Weidenkätzchen
- Hasel- oder Birkenzweige
- bunte Bänder (Krepppapier oder Geschenkband)
- Blumendraht

So wird's gemacht:
Die Zweige zu einem Strauß zusammenfügen und diesen mit Draht an der Holzstange befestigen. Danach die Stange mit buntem Band umwickeln und den Palmstrauß mit bunten Bändern, selbst gebastelten Vögeln, Hasen oder bemalten Eiern schmücken. Der Palmstock kann nach dem Gottesdienst am Hauseingang angebracht werden.

Die Karwoche

Nun will der Lenz uns grüßen

Text: Neidhardt von Reuenthal

1. Nun will der Lenz uns grüßen, von Mittag weht es lau;
aus allen Ecken sprießen die Blumen rot und blau.
D'raus wob die braune Heide sich ein Gewand gar fein und
lädt im Festtagskleide zum Maientanze ein.

2. Waldvöglein Lieder singen,
wie ihr sie nur begehrt;
drum auf zum frohen Singen,
die Reis' ist Goldes wert.
Hei, unter grünen Linden,
da leuchten weiße Kleid!
Heija, nun hat uns Kinden
ein End all Winterzeit.

Beim Eierfärben und Basteln machen alle mit

Die Vorbereitungen für Ostern können schon ab Palmsonntag mit der ganzen Familie beginnen. Bastelt doch einmal gemeinsam Osterschmuck!

Besonderen Spaß macht Kindern das **Eierausblasen**: Mit einer Nadel werden die rohen Eier vorsichtig an den Enden aufgestochen, bis etwa linsengroße Löcher in der Schale sind. Dann lassen sich die Eier gut ausblasen.

Für das **Ostereierfärben** gibt es unzählige Methoden: mit Eierfarben oder – was ebenso möglich ist – mit ganz normalen Wasserfarben, Wachsstiften, Filzstiften, Stempeln oder Tusche.

Auf die gefärbten Eier können mit Filzschreibern Ornamente oder Symbole für Christus (Lamm, Fisch mit dem Anker, Boot, Ähre, Traube, Kelch, Kerze, Pelikan, PX, Hahn, Kreuz …) aufgemalt werden.

Die Karwoche

Kleine Kinder können Knetgesichter auf ihre Eier machen oder Ohren, Schleifchen, Haare und Hüte daraufkleben.
Die fertigen Eier werden an Weidenzweige oder an einen blühenden Forsythienstrauch gehängt. Ein schöner österlicher Zimmerschmuck!

Für die Zimmerdecke können Eltern und Kinder gemeinsam ein **Mobile** mit Ostereiern basteln. Für den Ostertisch habt ihr sicher viele Ideen, zum Beispiel bunt gefärbte **Eier in grünen Nestern**, eine ganze **Osterhasenfamilie** aus buntem Papier oder kleine **Eierwärmer**, denen Hasenohren angenäht werden.

Silbenrätsel

Oster – pen – Tul – zissen – glöckchen – Kro – Gänse – Nar – Schnee – blüm – kusse – glocken – chen

Wenn wir die Silben richtig ordnen, erhalten wir die Namen für sechs Frühlingsblumen.

Auflösung: Tulpen, Osterglocken, Narzissen, Krokusse, Schneeglöckchen, Gänseblümchen

Zum Schmunzeln

In der Bibelstunde schildert Hubert den Einzug Jesu in Jerusalem am Palmsonntag so: „Die Leute warfen ihre Kleider auf den Weg und riefen: ‚Susanna in der Höhe!'"

Alle Vögel sind schon da

T: Heinrich Hoffmann von Fallersleben
M: Volkstümlich aus Schlesien

1. Alle Vögel sind schon da, alle Vögel alle! Welch ein Singen, Musiziern, Pfeifen, Zwitschern, Tirilliern! Frühling will nun einmarschiern, kommt mit Sang und Schalle.

2. Wie sie alle lustig sind, flink und froh sich regen. Amsel, Drossel, Fink und Star und die ganze Vogelschar wünschen uns ein frohes Jahr, lauter Heil und Segen.

3. Was sie uns verkünden nun, nehmen wir zu Herzen. Wir auch wollen lustig sein, lustig wie die Vögelein hier und dort, feldaus, feldein singen, springen scherzen.

Gründonnerstag

Gründonnerstag ist der erste traurige Tag in der Karwoche. Der Tag hat seinen Namen von dem alten Wort „gronan", das heißt übersetzt „weinen". Heute erinnern wir uns an das letzte Abendmahl, das Jesus mit seinen Jüngern gehalten hat. Mit diesem Mahl verabschiedete er sich von ihnen.

Es war am Abend des Paschafestes, als Jesus mit seinen Jüngern zusammensaß. Dabei gab er ihnen Brot zu essen und Wein zu trinken und sagte: „Das ist mein Leib. Das ist mein Blut. Das bin ich selbst." Und Jesus bat die Jünger, dieses Mahl immer wieder zu feiern. Die Jünger haben es getan.

In jeder heiligen Messe tun wir, was Jesus mit seinen Jüngern getan hat: Wir feiern das heilige Mahl. Wir essen vom heiligen Brot. Wir denken daran, dass Jesus ganz nah bei uns ist – wie damals bei den Jüngern in Jerusalem.

Die Karwoche

Nach dem letzten Abendmahl tat Jesus etwas Besonderes: Er stand vom Tisch auf und band sich ein Leinentuch als Schürze um. Dann goss er Wasser in eine Schüssel und nahm einen Krug in die Hand. Darauf ging er von einem zum anderen und begann, jedem seiner Jünger die Füße zu waschen. Mit der Schürze trocknete er sie ab.

Als Jesus fertig war, setzte er sich wieder zu den Jüngern und sagte: „Seht, ich habe euch die Füße gewaschen. Ich habe mich zu eurem Diener gemacht. So sollt auch ihr es machen. Ihr sollt einander lieb haben, so wie ich euch lieb habe. Dann werdet ihr selig sein."

Nach Johannes 13,1–17

In manchen Kirchen wäscht am Gründonnerstag der Priester einigen Menschen aus der Gemeinde die Füße. Mit dem Waschen der Füße will Jesus auch uns sagen: Helft euch gegenseitig! Tut alles füreinander – auch unangenehme Dinge!

Weihe der heiligen Öle

Bei der Taufe, der Firmung und der Priester- und Bischofsweihe wird derjenige, der das Sakrament empfängt, mit heiligem Öl (Chrisam) gesalbt. Im Sakrament der Krankensalbung wird der Kranke mit geweihtem Öl (Krankenöl) gesalbt und dadurch mit Gottes Geist und Kraft gestärkt.

Die heiligen Öle werden vom Bischof einmal im Jahr – in der sogenannten „Chrisamesse" am Gründonnerstagmorgen – geweiht. Von der Domkirche aus werden sie in die einzelnen Gemeinden gebracht und in einem wertvollen Ölgefäß aufbewahrt.

Orgel und Glocken schweigen

Nach dem Gloria (Ehre sei Gott in der Höhe) in der Abendmahlsmesse des Gründonnerstags verstummt die Orgel bis zur Osternacht. In dieser Zeit schweigen auch die Turmglocken und die Glöckchen der Ministranten. In früherer Zeit erzählte man den Kindern, die Kirchenglocken flögen nach Rom, um dort Milchreis zu essen. Woher diese Geschichte stammt, ist bis heute unbekannt.

Kräutermäuschen und Löwenzahn

In vielen Familien ist es bis heute Brauch, am Gründonnerstag etwas Grünes zu essen, beispielsweise Spinat, Maultaschen, Kräutersuppe oder Gemüse aus mehreren Kräutern.

In der Schweiz backt man gern Kräutermäuschen: Man macht einen dicken Pfannkuchenteig aus Mehl, Eiern, Milch und Salz. Verschiedene Kräuter wie langblättrige Petersilie, Salbei, Pfefferminze und Basilikum werden sauber gewaschen, einzeln am Stiel in den dicken Teig getaucht und sofort in heißer Margarine ausgebacken. Sie werden mit den Stielen gegessen. Mit Zimt und Zucker oder mit Pfeffer, Paprika und Parmesan schmecken sie sehr lecker. In Deutschland bereiten manche Familien am Gründonnerstag einen Löwenzahnsalat zu. Er ist sehr vitaminreich und gesund. Man nimmt nur die kleinen, jungen Blätter, denn die großen schmecken oft bitter. Mit Walnussöl, etwas Zitronensaft, Salz und Pfeffer wird der Salat angemacht und mit hart gekochten Eiern oder Käsewürfeln verfeinert.

Zum Schmunzeln

Die Leidensgeschichte wird gerade durchgenommen, als der Schulrat für die kommende Woche seinen Besuch ankündigt. Nun paukt auch der Lehrer fleißig mit der Klasse.

„Klaus, was sagte Judas, als er das Geld zurückbringen wollte?"

„Ich habe unschuldiges Blut verraten."

„Richtig! Und was sagten die Hohenpriester?"

Großes Schweigen. Erregt geht der Lehrer auf Klaus zu: „Was soll das nur bei der Prüfung geben?"

Da fällt es Klaus wieder ein: „Was geht das uns an? Da sieh du zu!"

In der Pause behauptet Eva, dass man am Gründonnerstag kein Fleisch essen dürfe. Die anderen bestreiten das – und so fragt man nachher den Pfarrer.

Dieser sagt: „Nein, heutzutage darf man am Gründonnerstag Fleisch essen. Auch Jesus hat ja am Gründonnerstag mit den Jüngern das Osterlamm gegessen."

Doch Eva gibt sich nicht geschlagen: „Na, und wie ist es ihm dann auch am nächsten Tag ergangen?"

Karfreitag

Der Freitag vor Ostern heißt Karfreitag. Es ist ein stiller und ernster Tag. Die Arbeit ruht, und die Geschäfte sind geschlossen. Am Karfreitag denken wir daran, dass Jesus ans Kreuz genagelt wurde und gestorben ist.

Die Bibel berichtet, dass Jesus nicht nur Freunde, sondern auch Feinde hatte. Es gab viele Menschen, die Jesus nicht mochten. Sie sagten: „Er tut so, als ob er selbst Gott wäre. Das dürfen wir nicht zulassen." Und deshalb nahmen sie ihn gefangen und verurteilten ihn zum Tode. Auf dem Hügel Golgota wurde Jesus ans Kreuz genagelt. Er starb unter großen Schmerzen. Seinen Feinden hat er noch am Kreuz vergeben. Jesus betete: „Vater, vergib ihnen; denn sie wissen nicht, was sie tun." Am Abend nahm einer der Jünger den Leichnam Jesu vom Kreuz ab und legte ihn in ein Grab.

Die Karwoche

Am Karfreitag versammeln wir uns am Nachmittag um 15 Uhr in der Kirche. Das ist die Stunde des Todes von Jesus. Während des Gottesdienstes ist die Orgel stumm. Auf dem Altar stehen keine Blumen und keine Kerzen. Die Geschichte vom Leiden und Sterben Jesu wird vorgelesen.

Während des Gottesdienstes enthüllt der Priester ein großes Kreuz, zeigt es uns und singt: „Seht das Kreuz, an dem der Herr gehangen!" Wir beugen die Knie und antworten: „Kommt, lasset uns anbeten!" Wir verehren Jesus. Wir danken ihm, dass er für uns am Kreuz gestorben ist.

Zu Hause dürfen wir schon ein wenig vorausdenken: an die Auferstehung Jesu an Ostern. Wir bemalen die Ostereier, backen ein Osterlamm und basteln dazu eine Fahne. Die Bibel nennt Jesus das „Lamm Gottes", das gestorben ist und den Tod besiegt hat.

Jesus – das „Lamm Gottes"

Gelegentlich sehen wir Bilder, auf denen ein Lamm mit einer Todeswunde dargestellt ist. Mit diesem Lamm ist Jesus gemeint. Man nennt ihn deswegen auch das „Lamm Gottes" (lateinisch „Agnus Dei").

Wenn der Priester in der Eucharistiefeier vor der Kommunion die Hostie in mehrere Teile bricht, beten wir zu Jesus und sprechen: „Lamm Gottes, du nimmst hinweg die Sünde der Welt, erbarme dich unser."

Dieses Gebet, das dreimal wiederholt wird, geht auf Johannes den Täufer zurück. Als er am Jordan predigte und taufte, sah er eines Tages Jesus auf sich zukommen und sagte zu den Leuten: „Seht, das Lamm Gottes, das die Sünde der Welt hinwegnimmt" (Johannes 1,29).

Die Karwoche

Auch der Apostel Paulus bezeichnet Jesus im ersten Korintherbrief als Lamm und sagt: „Als unser Paschalamm ist Christus geopfert worden" (5,7). Das bedeutet, Jesus hat für uns sterben müssen, um uns das Leben zu erwerben.

Im Übrigen: In einigen Familien ist es üblich, zu Ostern einen Lammbraten zu essen. Dieser Brauch geht auf das jüdische Paschafest zurück, bei dem in jedem Jahr ein Lamm verzehrt wird.

**Jetzt seid ihr bekümmert,
aber ich werde euch wiedersehen;
dann wird euer Herz sich freuen,
und niemand nimmt euch eure Freude.**

Johannes 16,22

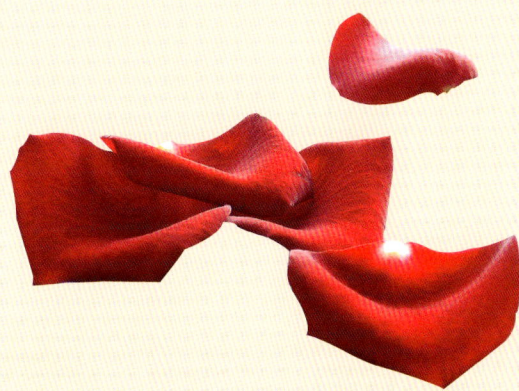

Der Pelikan

Eine afrikanische Legende erzählt:
Ein Land wurde von einer großen Hungersnot befallen. Menschen und Tiere litten Not. Sie wussten nicht, wie sie ihr Leben erhalten konnten.

In diesem Land lebte auch ein alter Pelikan. Er sorgte sich nicht so sehr um sein Leben als vielmehr um das Leben seiner Jungen. Diese forderten Tag für Tag ihre Nahrung.

Der Pelikan wusste keinen Ausweg mehr. In seiner großen Not bohrte er sich mit dem Schnabel ein Loch in die Brust und gab sein Blut den Jungen zu trinken.

Als die Hungersnot vorüber war, konnten die Jungen gekräftigt ins Leben hinausfliegen. Der alte Pelikan aber starb. Er hatte sein Blut, sein Leben, verschenkt an seine Jungen.

Das Verhalten des Pelikans ist ein Bild für die mütterliche Liebe Gottes. Sie ist in seinem Sohn Jesus sichtbar geworden, dessen Blut für uns zur Quelle des Lebens wird. Es „bringt der ganzen Erde Gottes Heil und Huld", heißt es in dem Fronleichnamslied „Gottheit tief verborgen".

Wir gehen den Kreuzweg

In unseren Gotteshäusern sehen wir an den Wänden große bunte Bilder, auf denen Jesus mit dem Kreuz abgebildet ist. Die Bilder erzählen die Geschichte vom Leiden, vom Tod und von der Auferstehung Jesu. Wir nennen diese Bildergeschichte auch den Kreuzweg. An manchen Orten finden wir Kreuzwege auch in der freien Landschaft.

Der Kreuzweg beschreibt in vierzehn Bildern – wir nennen sie auch „Stationen" – den Weg, den Jesus mit seinem Kreuz gehen musste. Er erzählt aber auch von den Leuten, die mit Jesus gelitten haben und die ihm helfen wollten, zum Beispiel Veronika mit dem Schweißtuch oder Simon von Zyrene.

Immer wieder beten Menschen den Kreuzweg. Sie gehen von Bild zu Bild, von Station zu Station, und denken daran, was Jesus für uns gelitten hat, wie groß seine Liebe zu uns Menschen war und immer noch ist. Papst Benedikt XVI. betet in Rom regelmäßig mit vielen Menschen den Kreuzweg.

Die heute bekannten vierzehn Stationen des Kreuzwegs haben sich im 17. Jahrhundert entwickelt. Seit dem 18. Jahrhundert wurden Kreuzwege im Innern von Kirchen eingerichtet. Dazu gab es eigens eingerichtete Kreuzwegandachten, vor allem in der Fasten- und Passionszeit.

Die Karwoche

Wir beten dich an

Wir beten dich an,
Herr Jesus Christus,
und preisen dich,
denn durch dein heiliges Kreuz
hast du die Welt erlöst.

Aus der Liturgie

Karsamstag

Der Karsamstag erinnert an die Grabesruhe Jesu nach seinem Tod am Kreuz. Er ist ein stiller Tag, an dem kein Gemeindegottesdienst gefeiert wird. In vielen Kirchen gibt es allerdings eine ewige Anbetung vor dem Grab Jesu.

In zahlreichen Familien laufen am Karsamstag die letzten Vorbereitungen für das bevorstehende größte Fest im Kirchenjahr. Für viele Eltern und Kinder, Großeltern und Enkel ist dieser Tag die letzte Gelegenheit, Osterlämmer und Osterfladen, Osterbrot und Sonnenräder zu backen. Ein herrlicher Duft durchzieht das ganze Haus.

Am Karsamstag werden auch die letzten Ostereier bemalt. Schließlich gehören Ostereier zum Osterfest, übrigens nicht nur bei uns, sondern in der ganzen Welt.

In manchen – vor allem ländlichen – Gegenden werden vor Ostern die Brunnen mit vielen bunten Eierketten behängt und geschmückt. Damit wollen die Menschen vor allem das Wasser als ein Geschenk Gottes ehren.

Der erste Ostertag

Fünf Hasen, die saßen
Beisammen dicht,
Es machte ein jeder
Ein traurig Gesicht.

Sie jammern und weinen:
Die Sonn will nicht scheinen!
Bei so vielem Regen,
Wie kann man da legen
Den Kindern das Ei?
O wei, o wei!

Da sagte der König:
So schweigt doch ein wenig!
Lasst Weinen und Sorgen,
Wir legen sie morgen!

Heinrich Hoffmann

Osterblumen

Überall blühen jetzt in den Gärten die schönen Osterblumen. Nach den Schneeglöckchen haben sie sich in dieser Zeit durch die Erdkruste geschoben.

Da gibt es die vielen **Gänseblümchen**. Sie werden so genannt, weil sie mit den Gänsen verglichen werden, die oft auf einem Bein stehen. Seit vielen Jahrhunderten werden den Gänseblümchen Heilkräfte zugesprochen. In Schweden heißen sie Priesterkragen, in England Tagesaugen und in Frankreich kleine Margeriten.

Vielerorts entdecken wir die leuchtenden **Schlüsselblumen**. Sie werden auch Himmelsschlüssel oder Primeln genannt. Früher haben die Menschen sie ganz ehrfürchtig gepflückt, wenn es Neumond war. Dann sollten sie besonders heilkräftig sein. Und die Mädchen, die die ersten Schlüsselblumen vor Ostern finden, feiern – so sagt der Volksmund – noch im selben Jahr Hochzeit.

Auch die ersten **Veilchen** sind jetzt überall zu sehen. Ihre Blütenblätter sind violett und erinnern so an die Leidenszeit Jesu. In einer Geschichte über das Veilchen können wir lesen, dass die ersten Veilchen am Fuße des Kreuzes aufgeblüht seien.

Nicht zu vergessen sind die prächtigen **Osterglocken**, die in diesen Tagen überall in den Gärten blühen.

Osterzopf

Wir brauchen dazu:
- 500 g Mehl
- 30 g Hefe
- 50 g Zucker
- ¼ l Milch
- 125 g Butter
- 2 Eier
- ½ TL Salz
- 1 Prise Muskat und Piment
- Schale 1 Zitrone
- 1 Eigelb
- 3 EL Hagelzucker

So wird's gemacht:

Das Mehl in eine Schüssel geben, in eine Mulde die Hefe bröseln, mit 1 TL Zucker und 6 EL Milch verrühren und 20 Minuten gehen lassen. Butter und restlichen Zucker in warmer Milch auflösen, Eier unterrühren, mit Salz, Muskat, Piment und Zitronenschale zum Mehl geben und zu einem geschmeidigen Teig verkneten. Den Teig nochmals gehen lassen, bis sich die Menge etwa verdoppelt hat. Dann den Teig auf einer mit Mehl bestäubten Fläche in drei Teile teilen, diese zu 30 cm langen Strängen formen und daraus einen Zopf legen. Den Zopf auf einem Blech mit Backpapier 15 Minuten gehen lassen. Eigelb und 1 EL Milch verquirlen, den Zopf damit bestreichen, mit Hagelzucker bestreuen und bei 200 °C ca. 20 Minuten backen.

Ostereier-Memory

Memory-Spiele sind bei Alt und Jung in gleicher Weise beliebt. Alle können mitspielen, und die Großen sind selten die Besseren!

Wir brauchen dazu:
- weißes Tonpapier
- Farben
- Pinsel

So wird's gemacht:
Aus weißem Tonpapier Spielkarten in Eiform ausschneiden. Immer zwei Ei-Karten in Muster und Farbe genau gleich bemalen. Mit diesen Spielkarten nach den bekannten Memory-Regeln spielen. Viel Spaß!

Die Karwoche

Wer weiß es?

1. Der Name Ostern stammt von
a) der Osterinsel
b) der germanischen Lichtgöttin Ostara
c) dem Ort Osterburg
d) den eierbringenden Hasen

2. Mit „Osterglocken" bezeichnet man
a) eine Lockenfrisur
b) ein österliches Kirchengeläut
c) ein mit Rahm gefülltes Ostergebäck
d) gelbe Narzissen

Auflösung: 1. b), 2. d)

Ostern feiern

Ostern ist das wichtigste und älteste Fest der Christen. Es ist das höchste Fest im Kirchenjahr. Wir feiern die Auferstehung Jesu vom Tod. Wir freuen uns darüber, dass Jesus lebt und jetzt bei Gott im Himmel wohnt.

Die Bibel erzählt, was damals an Ostern geschehen ist: Am frühen Morgen gingen zwei Frauen zum Grab von Jesus und wollten ihn besuchen. Doch das Grab war leer. Ein Engel, der am Grab saß, sagte den Frauen: „Ihr sucht Jesus von Nazaret, den sie gekreuzigt haben. Er ist nicht hier. Er ist auferstanden. Seht dort die Stelle, wo man ihn hingelegt hatte!"

Nach Markus 16,1–8

Ostern

In der Osternacht versammeln wir uns zum Gottesdienst. Wir feiern die Auferstehung Jesu vom Tod. Vor der Kirche brennt ein Osterfeuer. An diesem Feuer entzündet der Priester die große Osterkerze, die er in die dunkle Kirche trägt. Nun zünden alle ihre Kerzen am Licht der Osterkerze an.

Die Osterkerze ist ein Zeichen für den auferstandenen Jesus. Von der Auferstehungsfeier in der Kirche nehmen wir das Osterlicht mit nach Hause. Jesus soll auch in der Familie unser Licht sein.

Beim Gottesdienst am Ostersonntag geht es besonders feierlich zu. Die Kirche ist herrlich geschmückt, die Orgel spielt festliche Musik, die Osterkerze brennt beim Altar. Wir hören die Botschaft von Ostern und singen Lieder von der Auferstehung. Wir danken Gott, dass er Jesus von den Toten auferweckt hat.

Beim Ostergottesdienst weiht der Priester auch die Speisen, die wir mitgebracht haben: Eier, Salz, Speck oder Schinken, Wurst, Butter, Meerrettich und Brot. Froh gestimmt halten wir damit zu Hause ein feierliches Osterfrühstück.

Christus ist auferstanden

Der Apostel Paulus schreibt an die Gemeinde von Korinth:

Wie können einige von euch behaupten, es gebe keine Auferstehung von den Toten? Wenn es keine Auferstehung gibt, dann ist auch Christus nicht auferstanden. Dann wäre euer Glaube Unsinn! Es ist aber wirklich so: Jesus Christus ist von den Toten auferweckt worden. Das ist das Wichtigste, was ich euch zu sagen habe. Das ist der Inhalt des christlichen Glaubens.

Nach dem 1. Korintherbrief 15,12–14

Das Ei – ein Symbol des Lebens

Hast du schon einmal beobachten können, wie ein kleines Küken aus dem Ei schlüpft? Es ist ein einmaliges Erlebnis, wenn plötzlich ein zartes Schnäbelchen von innen gegen die Schale pickt und das kleine Etwas sich immer mehr aus der Schale befreit. Dann steht es plötzlich da – das winzige Küken.

Da lässt sich gut verstehen, dass von den Christen schon früh das Ei als ein Zeichen der Auferstehung Jesu gesehen wurde. So wie sich das Küken aus der harten Schale befreit, wurde auch Jesus von der harten Schale des Todes befreit und von Gott zu einem neuen Leben geführt.

So ist es kein Wunder, dass seit alters her zu Ostern die Eier als Zeichen der Auferstehung Jesu gefärbt, verziert und verschenkt wurden. Zunächst wurden sie nur rot gefärbt. Das sollte vielleicht an das Blut Jesu erinnern oder auch an seine Liebe zu den Menschen.

Vor ungefähr 300 Jahren nannte man sie zum ersten Mal Ostereier und fing an, sie zu verstecken. Die Eier wurden verborgen, weil auch Jesus verborgen war. Bis heute sind wir aufgefordert, den auferstandenen Jesus zu suchen.

„Bewegliches" Ostern

Das Osterdatum ist jedes Jahr anders: manchmal schon Ende März, manchmal erst Ende April. Ostern ist also ein sogenanntes bewegliches Fest – im Gegensatz zu den unbeweglichen Festen wie Allerheiligen und Weihnachten, die jedes Jahr auf dasselbe Datum fallen.

Das Osterfest hängt mit dem jüdischen Paschafest zusammen, der Gedenkfeier an die Befreiung Israels aus der Knechtschaft Ägyptens. Auch Jesus kam mit seinen Jüngern nach Jerusalem, um dort das Paschafest zu feiern. Hier wurde er gefangen genommen und gekreuzigt.

Die Christen feierten Ostern zunächst am gleichen Termin wie die Juden das Paschafest, nämlich am 14. Nisan des jüdischen Kalenders, dem Tag des 1. Frühlingsvollmondes. Auf dem Konzil in Nizäa im Jahr 325 wurde beschlossen, dass Ostern stets am ersten Sonntag nach dem ersten Frühjahrsvollmond gefeiert werden soll. Dabei orientierte man sich an der Bibel, wo es heißt, der Tag der Auferstehung Jesu sei der erste Tag der Woche, also ein Sonntag: „Am ersten Tag der Woche, als eben die Sonne aufging, kamen die Frauen zum Grab. Da sahen sie, dass der Stein weggewälzt war."

Osterkerze

Im Chorraum der Kirche steht von Ostern bis Pfingsten eine schöne, große Kerze: die Osterkerze. Sie befindet sich in einem hohen Leuchter und kann von allen im Gotteshaus gut gesehen werden.

Die Osterkerze wird in der Nacht vor dem Osterfest feierlich angezündet.

Der Priester weiht sie mit den Worten: „Christus, gestern und heute, Anfang und Ende, Alpha und Omega, sein ist die Zeit und die Ewigkeit, sein die Macht und die Herrlichkeit in alle Ewigkeit. Amen."

Mit der Osterkerze zieht dann der Priester in die dunkle Kirche ein. Dabei singen wir: „Christus, das Licht! Dank sei Gott!" Dann zünden alle ihre Kerzen am Licht der Osterkerze an.

Die Osterkerze erinnert uns an die Auferstehung Jesu. Die fünf roten Wachsnägel stehen für die fünf Wunden Jesu. Die beiden Buchstaben A und O sagen uns: Jesus ist der Anfang und das Ende.

Das Osterlachen

Früher gab es in vielen Gemeinden einen schönen Brauch: Der Priester erzählte in der Osterpredigt den Leuten lustige Geschichten, über die alle lachen mussten. Damit wollte er seinen Zuhörern zeigen, dass Ostern ein Fest der Freude ist und dass wir allen Grund haben, uns an den Feiertagen zu freuen. Fast überall wünschen sich die Menschen an den Festtagen: Frohe Ostern!

Christ ist erstanden

T: Bayern/Österreich (12.–15. Jh.)
M: Salzburg (1106/1433), Tegernsee (15. Jh.), Wittenberg (1529)

1. Christ ist erstanden von der Marter alle. Des solln wir alle froh sein; Christ will unser Trost sein. Kyrieleis.
2. Wär er nicht erstanden, so wär die Welt vergangen. Seit dass er erstanden ist, so freut sich alles, was da ist. Kyrieleis.
3. Halleluja, Halleluja, Halleluja. Des solln wir alle froh sein; Christ will unser Trost sein. Kyrieleis

Kerze für den Ostertisch

Wir brauchen dazu:
- weiße Kerze (ca. 5 cm Durchmesser)
- bunte Wachsplatten

So wird's gemacht:
Aus den Wachsplatten Frühlings- und Ostermotive ausschneiden (Kreuz, Sonne, Hase, Ostereier ...) und damit die Kerze kreativ verzieren. Die Wachsplatten sollten etwa handwarm sein, dann haften die Motive von selbst an der Kerze, wenn man sie gut andrückt.

Entdecken – Freude schenken

Beim Osterspaziergang können wir kleine Dinge sammeln und sie mit nach Hause nehmen. Das kann ein Moosstück sein oder eine Wiesenblume, ein Blatt oder ein Zweig (evtl. mit Haselkätzchen).

Zu Hause betrachten wir die gesammelten Stücke durch eine Lupe. Dabei können wir entdecken, welche Wunderwerke die einfachsten Wiesenblumen sind oder wie wunderschön Blätter gemustert sind!

Das Betrachten und Entdecken wird uns viel Freude machen. Und wir werden staunen über Vieles, was uns vorher als nichts Besonderes erschien.

Mit den beim Spaziergang gefundenen Schätzen können wir daheim ein Blumenbild basteln und damit einem alleinstehenden, kranken, traurigen oder älteren Menschen eine besondere Freude machen.

Gefüllte Eier

Wir brauchen dazu:
- 6 Eier
- 80 g Frischkäse
- 1 EL weiche Butter
- 3 EL Majonäse
- 1 Bund Petersilie
- 1 Stück grüne Gurke
- 5 Radieschen
- 1 Tomate
- etwas Salz

So wird's gemacht:

Die Eier hart kochen, abkühlen lassen, schälen und längs halbieren. Eigelb vorsichtig herausholen und mit einer Gabel zerdrücken. Frischkäse, weiche Butter und Majonäse mit dem Eigelb zu einer glatten Creme rühren. Zwei Gurkenscheiben und etwas Petersilie ganz klein schneiden und daruntermischen, mit Salz abschmecken und die Eihälften mit der Creme füllen. Mit Fantasieformen von Radieschen, Gurken, Tomaten und Petersilie garnieren. Guten Appetit!

Osterlamm aus Biskuitteig

Wir brauchen dazu:
- 180 g Puderzucker
- 150 g Mehl
- 4 Eier
- 1 Messerspitze Backpulver
- 1 Päckchen Vanillezucker
- etwas Öl

So wird's gemacht:

Die Eier teilen, Dotter und Puderzucker schaumig rühren, das fein gesiebte und mit dem Backpulver vermischte Mehl unterrühren, das Eiweiß mit dem Vanillezucker zu einem steifen Schnee schlagen und diesen vorsichtig unter den Teig heben. Eine Osterlammform mit etwas Öl auspinseln und mit Mehl ausstäuben, den Teig hineinheben und das Osterlamm im leicht vorgewärmten Ofen bei mittlerer Hitze ca. 1 Stunde backen. Wenn ein Holzstäbchen, mit dem man hineinsticht, keine Teigspuren mehr zeigt, ist es fertig. Das Lamm aus der Form nehmen, mit Puderzucker bestäuben und mit einem Auferstehungsfähnchen verzieren: So wird es sicher auch ein Schmuckstück im österlichen Speisekörbchen.

Er lebt

Ich sag es jedem, dass er lebt
Und auferstanden ist,
Dass er in unsrer Mitte schwebt
Und ewig bei uns ist.

Ich sag es jedem, jeder sagt
Es seinen Freunden gleich,
Dass bald an allen Orten tagt
Das neue Himmelreich.

Er lebt, und wird nun bei uns sein,
Wenn alles uns verlässt!
Und so soll dieser Tag uns sein
Ein Weltverjüngungs-Fest.

Novalis

Ostergebet

Lieber Gott,
zu Ostern ist es bei uns zu Hause
besonders schön.
Wir stellen Blumen auf den Tisch.
Wir suchen im Garten Ostereier.
Wir essen Torte und Kuchen.
Wir machen einen Spaziergang.
Wir haben großen Spaß.
Wir sind fröhlich.
Dabei wollen wir nicht vergessen,
warum wir Ostern feiern:
Jesus ist von den Toten auferstanden!
Jesus lebt und ist bei uns.
Das macht mich richtig froh.
Amen.

Osterspiele für drinnen

Beliebt ist das **Eierschlagen**: Jeweils zwei Partner nehmen ein Osterei in die rechte Hand und stoßen die Eier mit den Spitzen gegeneinander. Wer dabei das Ei seines Gegners eindrücken kann (das eigene muss unversehrt bleiben!), bekommt es ausgehändigt.

Ein altes Osterspiel ist das **„Hahnschlagen"**: Dazu wird ein Papphahn auf einen Pfahl gesetzt. Der Reihe nach werden den Kindern die Augen verbunden. Dann bekommt jedes einen Stock in die Hand und muss versuchen, den Hahn zu treffen. Wer den Hahn öfter als dreimal trifft, ist Sieger.

Ostern 83

Sehr beliebt ist auch das **Eierpusten**: Bei diesem Spiel stellt man sich um einen Tisch und versucht, durch Pusten ein ausgeblasenes Ei ständig in Bewegung zu halten und nicht vom Tisch rollen zu lassen. Hierbei können regelrechte Meisterschaften im Pusten aufgestellt werden.

Sehr gut für eine größere Runde Kinder eignet sich das Spiel **„Fuchs jagt den Hasen"**: Je vier Kinder bilden einen Kreis und nehmen den „Hasen" in die Mitte. Ein Fuchs jagt einen überzähligen Hasen. Fasst er ihn, tauschen sie die Rollen. Der Hase kann sich aber auch in Sicherheit bringen, indem er in einen der Kreise springt. Damit verdrängt er den anderen Hasen aus dem Kreis, der nun vom Fuchs gejagt wird.

Osterspiele im Freien

Wenn die Sonne scheint, lädt sie Eltern und Kinder ein, miteinander im Freien zu spielen.

„Häschen, hilf!"
Ein Mitspieler ist der Fuchs, alle anderen sind Hasen. Der Fuchs versucht, einen Hasen zu fangen. Merkt das der Verfolgte, kann er sich Hilfe suchend nach der Hand eines anderen Hasen umsehen und rufen: „Häschen, hilf!" Sobald er die Hand eines Hasen erreicht hat, ist er gerettet. Hat der Fuchs ihn aber erwischt, muss er in der nächsten Runde den Fuchs spielen und seinerseits Hasen jagen.

„Dreht euch nicht um, der Has hüpft herum"

Die Mitspieler stehen im Kreis, nur einer steht außerhalb: der Hase. Er hat ein Schokoladenei dabei und hüpft um den Kreis herum.

Hinter einem Mitspieler lässt er sein Ei fallen, möglichst so, dass es der andere Mitspieler nicht sofort merkt. Wird das Ei von dem anderen Mitspieler entdeckt, muss der Hase davonspurten, weil er jetzt von diesem Mitspieler verfolgt wird.

Schafft der Hase den Weg bis zu dem frei gewordenen Platz, ohne dass er von seinem Verfolger abgeschlagen wurde, kann er das Ei selbst essen. Gewinnt aber der Verfolger, darf dieser das Osterei verspeisen.

Eierkarton-Zielwerfen

Für dieses Spiel braucht ihr einen leeren Eierkarton, von dem der Deckel abgetrennt wird. Die einzelnen Vertiefungen in dem Eierkarton werden mit Zahlen beschriftet.
Nun stellt ihr euch etwa einen Meter vom Eierkarton entfernt auf und versucht, mit kleinen Steinchen in den Eierkarton zu treffen. Wenn ihr es schafft, notiert ihr die Punkte des Faches.
Zum Schluss werden alle Punkte der einzelnen Spieler zusammengezählt. Wer hat die meisten?

Osterworte raten

Ein Spieler denkt sich ein „Osterwort" aus, also ein Wort, das mit „Oster-" beginnt (z.B. Osterferien, -glocken, -nacht, -kerze, -karte, -schmuck, -lamm, -spaziergang) und malt den Begriff auf ein Blatt Papier. Die anderen Mitspieler raten den Begriff. Wer zuerst das richtige Wort findet, ist als Nächster an der Reihe. Ziel des Spiels ist es, möglichst viele Osterworte zu finden oder neu kennenzulernen. Gleichzeitig ist das auch eine gute Gelegenheit, über deren Bedeutung zu sprechen.

Missgeschick

Frederike hat am Ostermontag für die ganze Familie das Frühstück gemacht. Dabei sind ihr versehentlich unter die gekochten Eier auch ein paar rohe geraten. Wer weiß, wie sie die frischen von den gekochten Eiern unterscheiden kann, ohne die Schale aufzuschlagen?

Auflösung: Frederike muss jedes Ei auf einem glatten Tisch in eine kreisende Bewegung bringen: Gekochte Eier drehen sich ziemlich lange, rohe Eier kommen sofort zum Stillstand.

Rätselhaftes Ostermärchen

(nur mit Ei und Eier aufzulösen)

Der FrackverlOher HOnrich OstermOO kehrte am ersten OsterfOOtage sehr betrunken hOm. SOne Frau, eine wohlbelObte, klOne Dame, betrieb in der KlOststraße Onen OOhandel. Sie empfing HOnrich mit den Worten: „O O, mOn Lieber!" DabO drohte sie ihm lächelnd mit dem Finger. Herr OstermOO sagte: „Ich schwöre Onen hOligen Od, dass ich nur ganz lOcht angehOtert bin. Ich war bO Oner WOhnachtsfOO des VerOns FrOgOstiger FrackverlOher. Dort hat Ones der Mitglieder anlässlich der Konfirmation sOner Tochter One Maibowle spendiert, und da habe ich denn sehr viel RhOnwOn auf das Wohl des verehrten JubelgrOses trinken müssen, wOl man ja nicht alle Tage zwOundneunzig Jahre alt wird." Frau OstermOO schenkte diesen Beteuerungen kOnen Glauben, sondern sagte nochmals: „O O, mOn Lieber!" Worauf ihr PapagO die ersten zwO Worte „O O" wohl drOßigmal laut wiederholte. Über das GeschrO des PapagOs geriet HOnrich in solche Wut, dass er On BOl ergriff und sämtliche OO zerschlug. Frau OstermOO wurde krOdeblOch und lief, triefend von Ogelb, zur PolizO. Ihr Mann aber ließ sich erschöpft auf Onen Stuhl nieder und wOnte lOse vor sich hin. Bis ihm der PapagO von oben herab On OsterO in den Schoß warf. Da war alles vorbO.

Joachim Ringelnatz

Zum Schmunzeln

Dass Jesus am Ostersonntagabend bei verschlossenen Türen plötzlich mitten unter den Aposteln stand, wird im Religionsunterricht wiederholt.

Petra berichtet: „Da kam Jesus durch das Schlüsselloch und stand plötzlich unter den Aposteln!"

Der Osterhase

Volksweise

1. Schaut, wer sitzt denn dort im Gras? Stil-le, still, der Has', der Has'!
Guckt mit sei-nem lan-gen Ohr aus dem grü-nen Gras her-vor.
Lasst uns schau-en, was im Nest liegt so ku-gel-rund und fest.

2. Eier, blau und grün und fleckig,
Eier, rot und gelb und scheckig.
Häslein in dem grünen Wald,
bin dir gut und dank' dir halt.
Häslein mit dem langen Ohr,
dank' dir tausendmal davor!

Bleib doch bei uns, Herr

Wie die Ostereier zum Osterfest gehören, so gehört zum Ostermontag die Geschichte von den Emmausjüngern (Lk 24,13–35).

Wir kennen sie seit unserer Kindheit: die Erzählung vom auferstandenen Herrn, der unerkannt mit den Jüngern den Weg nach Emmaus geht. Diese Geschichte fasziniert, spricht uns an. Sie ist für viele Menschen die schönste aller Ostererzählungen. Als Kinder warteten wir mit Spannung darauf, bis sie in der Kirche vorgelesen wurde, obwohl wir sie in- und auswendig kannten. Außerdem freuten wir uns, wenn wir von dieser Erzählung in der Schule oder zu Hause ein Bild malen durften.

Bis zum heutigen Tag ist die Emmausgeschichte für mich die schönste Ostergeschichte geblieben. Ich mag sie einfach, weil ich mich in der Geschichte wiedererkenne, weil ich mir vorstelle, dass ich einer der beiden Männer bin, die traurig nach Emmaus wandern und dann plötzlich jemandem begegnen, der ihnen zuhört und mit ihnen spricht. Die Situation der Emmausjünger war gekennzeichnet von Trauer und Hoffnungslosigkeit. Die beiden sahen keinen Ausweg mehr, verstanden sich und ihre Welt nicht mehr. Dann kam Jesus, begleitete sie und erklärte ihnen, was geschehen war.

In Emmaus angekommen, tat Jesus so, als ob er weitergehen wollte. Aber die Jünger baten ihren unbekannten Weggefährten: „Bleib doch bei uns; denn es wird bald Abend, der Tag hat sich schon geneigt." Da blieb er bei ihnen, ging mit ihnen ins Haus, brach das Brot und gab es ihnen. Dabei erkannten sie Jesus.

Die Bitte der Jünger: „Bleib doch bei uns; denn es wird bald Abend, der Tag hat sich schon geneigt" ist ein wunderschönes Gebet. Gibt es nicht immer wieder Situationen in unserem Leben, wo wir nicht mehr ein noch aus wissen und uns dringend nach Jesu Nähe sehnen? Jeden Tag können uns Zweifel plagen, immer wieder wird unsere Hoffnung schwach, plötzlich droht unsere Liebe zu erkalten. Wir mühen und mühen uns und müssen dann feststellen, dass alle unsere Anstrengungen umsonst waren. Wie tröstlich ist es dann, wenn wir Jesus bitten dürfen: „Herr, bleib doch bei uns!"

Wenn Angst und Hoffnungslosigkeit uns überfallen, wenn die Probleme so groß werden, dass wir sie aus eigener Kraft nicht mehr bewältigen können, wenn wir versagt haben und uns unsere Schuld drückt, was brauchen wir dann dringender als die Nähe des Herrn? Jesus lässt uns nicht allein mit unserem verwundeten Leben. Er hilft uns, wenn wir ihn darum bitten. Er hat uns ja selbst seine Nähe und Gegenwart versprochen. Im letzten Satz des Matthäusevangeliums steht es geschrieben: „Seid gewiss: Ich bin bei euch alle Tage bis zum Ende der Welt" (Mt 28,20).

Zum Nachdenken: Das größte Ereignis

Als die amerikanischen Astronauten von der ersten Mondlandung zurückgekehrt waren, erklärte Präsident Nixon: „Das ist das größte Ereignis in der Geschichte der Welt seit den Tagen der Schöpfung." Auf diesen etwas großspurigen Ausspruch erklärte der bekannte Volksprediger Billy Graham, das hätte der Präsident nicht richtig bedacht, denn die Geburt, der Tod und die Auferstehung Jesu Christi seien das größte und bedeutendste Ereignis der Weltgeschichte.

Christi Himmelfahrt feiern

Vierzig Tage nach dem Ostersonntag – also immer an einem Donnerstag – feiern wir das Fest Christi Himmelfahrt. Die österliche Zeit, in der Jesus seinen Jüngern und den Frauen öfters erschienen ist, ist nun zu Ende. Die Kirche feiert das Himmelfahrtsfest seit dem 4. Jahrhundert.

Wir erinnern uns an diesem Tag daran, dass Gott Jesus zu sich in sein Reich geholt hat. Die Bibel erzählt darüber: „Jesus führte die Jünger hinaus in die Nähe von Betanien. Dort erhob er seine Hände und segnete sie. Und während er sie segnete, verließ er sie und wurde zum Himmel emporgehoben."

Nachdem Jesus nicht mehr unter ihnen war, gingen die Jünger hinaus in die Welt. Sie erzählten den Menschen von Jesus. Sie sagten ihnen, was Jesus gesagt und getan hat; dass er von den Toten auferstanden ist, jetzt beim Vater im Himmel wohnt und eines Tages wiederkommen wird. Dann werden alle Menschen zu seinem Reich gehören.

Christi Himmelfahrt

Heute können wir anderen Menschen von Jesus erzählen. Was Jesus gesagt und getan hat, ist so gut, dass alle Menschen es wissen sollten. Wir freuen uns, wenn wir nach unserem Tod ganz nah bei ihm im Himmel sein dürfen.

In einigen Gegenden gibt es am Fest Christi Himmelfahrt feierliche Prozessionen. Wir ziehen betend und singend durch Straßen und Felder. Die Häuser sind festlich geschmückt. Wir bitten Gott um seinen Segen: für Menschen, Tiere und Pflanzen.

An Christi Himmelfahrt machen viele Menschen, vor allem Männer, einen Ausflug ins Grüne. Deshalb wird der Himmelfahrtstag auch „Vatertag" genannt. Dieser Name erinnert aber auch daran, dass Jesus Gott seinen Vater nennt. Auch wir tun dies, wenn wir zum Beispiel das Vaterunser beten.

Wo ist der Himmel?

Himmel ist ein Symbol, ein Bild für die Wohnung Gottes. Aber wo ist der Himmel? Himmel ist nicht ein bestimmter Ort, etwa über den Wolken; dort, wo die Astronauten kreisen. Himmel – und damit Gott – ist mitten unter den Menschen.

Gott ist uns überall nahe. Er ist besonders dort, wo ihn Menschen suchen und lieben. Er ist überall da, wo Menschen einander Liebe und Freude, Verständnis und Verzeihen entgegenbringen. Gott wohnt im Herzen der Menschen.

Wir können es auch so sagen: Dort, wo Menschen zueinander gut sind, da ist der Himmel. Wo Menschen einander lieben, da wohnt Gott. „Guter Gott", so können wir beten, „gib uns ein waches Herz und offene Augen, dass wir überall deinen Himmel entdecken."

Christi Himmelfahrt

Die letzte Vollendung

Der Himmel ist so viel wert,
wie du selbst wert bist,
nämlich deine eigene Person!
Gib dich dafür,
und du bekommst ihn dafür.

Aurelius Augustinus

Aus der Bibel: Der Abschied von den Jüngern

Noch vierzig Tage nach Ostern erschien Jesus seinen Jüngern. In dieser Zeit gab er ihnen Anweisungen und sprach zu ihnen vom Reiche Gottes.

Dann – bei einem gemeinsamen Mahl – sagte Jesus zu ihnen: „Bleibt in Jerusalem und wartet auf den Helfer, den der Vater euch senden wird. Johannes hat am Jordan mit Wasser getauft. Ihr werdet bald mit dem Heiligen Geist getauft. Dann werdet ihr meine Zeugen sein in Jerusalem und in ganz Judäa und Samarien – bis an die Grenzen der Erde."

Als Jesus das gesagt hatte, wurde er in den Himmel emporgehoben. Es kam eine Wolke und entzog ihn ihren Blicken.

Als die Jünger noch wie gebannt nach oben schauten, erschienen plötzlich zwei Männer in weißen Gewändern und sagten: „Was steht ihr da und seht zum Himmel empor? Jesus, der von euch weg in den Himmel ging, wird wiederkommen."

Darauf kehrten die Jünger vom Ölberg nach Jerusalem zurück. Sie verharrten einmütig im Gebet, zusammen mit den Frauen und mit Maria, der Mutter Jesu, und mit seinen Brüdern.

Nach der Apostelgeschichte 1,1–14

Christi Himmelfahrt

Der Frühling hat sich eingestellt

T: H. Hoffmann v. Fallersleben 1798–1874
M: Friedrich Reichhardt, 1754–1814; Satz J. M. O.

1. Der Frühling hat sich eingestellt, wohlan, wer will ihn sehn? Der muss mit mir ins freie Feld, ins grüne Feld nun gehn.

2. Er hielt im Walde sich versteckt,
dass niemand ihn mehr sah;
ein Vöglein hat ihn aufgeweckt,
jetzt ist er wieder da.

3. Jetzt ist der Frühling wieder da;
ihm folgt, wohin er zieht,
nur lauter Freude fern und nah
und lauter Spiel und Lied.

4. Und allen hat er, Groß und Klein,
was Schönes mitgebracht;
und sollt's auch nur ein Sträußchen sein,
er hat an uns gedacht.

5. Drum frisch hinaus ins freie Feld,
ins grüne Feld hinaus!
Der Frühling hat sich eingestellt;
wer bliebe da zu Haus?

Gebet zu Christi Himmelfahrt

Herr, du bist mein Freund.
Das sage ich mir jeden Tag:
Du bist mein Freund.

Das sage ich mir,
wenn ich durch das Dunkel gehe,
wenn ich lache,
wenn die Sonne brennt,
wenn ich habe, was ich brauche,
wenn ich Hunger habe,
wenn ich glücklich bin,
wenn ich elend und krank bin:
Du bist mein Freund.

Das sage ich mir heute,
morgen, übermorgen und immer:
Du bist mein Freund.

Aus Lateinamerika

Geflügelpastete

Wir brauchen dazu:
- 1 fertiges Grillhähnchen
- 1 Zwiebel
- 2 EL Butter
- 500 g Geflügelleber
- Salz, Pfeffer, Thymian, Korianderpulver
- 4 cl Portwein
- 200 g Sahne
- gehackte Pistazien
- Lorbeerblätter

So wird's gemacht:
Grillhähnchenfleisch ohne Haut in Stücke teilen, Zwiebel in Butter andünsten, Geflügelleber dazugeben und mit Salz, Pfeffer, Thymian und Korianderpulver kräftig würzen. Kurz durchbraten und mit Portwein ablöschen, danach Hähnchenfleisch und Leber durch die feine Scheibe des Fleischwolfs drehen und die Sahne unterrühren. Die Masse in eine Schüssel füllen und mit Pistazien und Lorbeerblättern garnieren. Bis zum Servieren kalt stellen. Dazu Baguette und einen leichten Rotwein reichen.

Süße Luft (Dessert)

Wir brauchen dazu:
- 3 Eier
- 125 g Zucker
- 1 Zitrone
- 250 ml Apfelsaft
- 8 g Gelatine
- Salz
- ½ Päckchen Vanillezucker

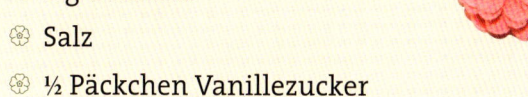

So wird's gemacht:

Eier trennen. Eigelb und Zucker schaumig schlagen, Zitronensaft und etwas abgeriebene Zitronenschale hinzufügen. Den Apfelsaft erhitzen, darin die zuvor in wenig Wasser eingeweichte Gelatine auflösen und abgekühlt zur Eigelbmasse geben. Eiweiß mit einer Prise Salz und Vanillezucker steifschlagen, unter die Eigelbmasse ziehen und kaltgestellt erstarren lassen.

Zum Schmunzeln

Im Bibelunterricht wird davon gesprochen, dass Jesus nach der Himmelfahrt den Aposteln nicht mehr erschien, sondern bis zum Weltende beim Vater ist.

Bei der Wiederholung erklärt dann Dorothea den Sachverhalt mit ihren Worten: „Gottvater sagte zu Jesus: ‚Du bleibst jetzt im Himmel, damit dir auf Erden nicht wieder was passiert!'"

Pfingsten feiern

Pfingsten ist das Fest des Heiligen Geistes. Das Wort ist von dem griechischen „pentecoste" (fünfzig) abgeleitet. Fünfzig Tage nach Ostern erinnern wir uns daran, wie Jesus seinen Jüngern seinen Geist geschickt hat.

Am Pfingstfest trägt der Priester beim Gottesdienst ein rotes Messgewand. Rot ist in der Kirche die Farbe des Heiligen Geistes. Wir bitten um den Geist Gottes und beten: „Komm, o Geist der Heiligkeit, aus des Himmels Herrlichkeit!"

Pfingsten ist ein Fest der Freude. Die Kirchen sind festlich geschmückt. Die Menschen zieht es hinaus ins Freie: Sie machen zusammen Ausflüge, Prozessionen und Pfingstspiele. An manchen Orten trifft man sich mit Verwandten und Freunden zu einem Pfingstfeuer.

In Oberbayern und den Alpenländern wird am Pfingstsonntag das Vieh auf die Alm und die Weide getrieben. Der mit Blumen festlich geschmückte Pfingstochse führt den Zug an. In Niederbayern und im Bayerischen Wald gibt es noch heute farbenprächtige Pfingstumritte.

Atme in mir ...

**Atme in mir, du Heiliger Geist,
dass ich Heiliges denke.
Treibe mich, du Heiliger Geist,
dass ich Heiliges tue.
Locke mich, du Heiliger Geist,
dass ich Heiliges liebe.
Stärke mich, du Heiliger Geist,
dass ich Heiliges hüte.
Hüte mich, du Heiliger Geist,
dass ich das Heilige nimmer verliere!**

Aurelius Augustinus zugeschrieben

Aus der Bibel: Der Geist Gottes kommt

Das Pfingstfest war gekommen und alle Jünger versammelten sich in einem Haus in Jerusalem.

Plötzlich entstand ein Brausen vom Himmel her, wie ein gewaltiger Sturmwind. Er erfüllte das ganze Haus, in dem die Jünger saßen. Zungen wie von Feuer erschienen und ließen sich auf einem jeden von ihnen nieder. So wurden alle vom Heiligen Geist erfüllt. Sie begannen, in verschiedenen Sprachen zu reden, jeder so, wie es ihm der Geist Gottes sagte.

An diesem Tag waren viele fromme Männer aus anderen Ländern zu Besuch in Jerusalem. Auch sie hörten das Brausen in den Straßen. Voller Angst und Schrecken rannten sie zu dem Haus, in dem die Apostel waren.

Die Männer hörten, was die Jünger redeten, und verstanden alles, obwohl sie selber eine andere Sprache hatten. Jeder hörte sie in seiner Sprache von Gott und seinen großen Taten reden. Dadurch wurden sie verwirrt. Ratlos fragten sie: „Was bedeutet das alles? Wir kommen aus verschiedenen Ländern, und trotzdem versteht jeder, was sie sagen."

Andere aber lachten und spotteten: „Hört nicht auf sie, sie haben zu viel süßen Wein getrunken."

Da trat Petrus vor die Leute und sagte: „Diese Männer sind nicht betrunken. Aber es ist etwas ganz Großes geschehen. Der Geist Gottes ist auf uns herabgekommen."

Nach der Apostelgeschichte 2,1–15

Pfingsten

Symbole des Heiligen Geistes

Feuer und Taube – das sind zwei Symbole, mit denen der Heilige Geist sehr oft dargestellt wird.

Feuer

Den in Jerusalem versammelten Jüngern erschienen (laut Apostelgeschichte) Zungen wie von Feuer. Sie ließen sich auf jeden Einzelnen von ihnen nieder und erfüllten sie mit Gottes Geist. Alle waren regelrecht be-geist-ert und wie verwandelt.

Feuer ist warm und hell. Es kann auch uns verwandeln, stark und mutig machen. In einem Gebet der Kirche bitten wir: „Komm, Heiliger Geist, erfülle die Herzen deiner Gläubigen und entzünde in ihnen das Feuer deiner Liebe!"

Taube

Die Taube ist das bekannteste Symbol für den Heiligen Geist. Als Jesus im Jordan von Johannes dem Täufer getauft wurde, schwebte der Heilige Geist über ihm in Gestalt einer Taube.

Die Geschichte erinnert an ein Wort aus dem ersten Kapitel der Heiligen Schrift: „Der Geist Gottes schwebte über den Wassern." Darum nennen wir ihn auch den Schöpfer-Geist. Im Psalm 104 heißt es: „Sendest du deinen Geist aus, so werden sie alle erschaffen, und du erneuerst das Antlitz der Erde."

Gebete zu Pfingsten

Lieber Gott,
die Bibel erzählt uns,
wie es beim ersten Pfingstfest war.
Die Apostel, die Freunde von Jesus,
waren in Jerusalem.
Jesus war nicht mehr bei ihnen.
Die Apostel hatten Angst.
Sie beteten zusammen.

Da kam plötzlich der Heilige Geist
wie Feuer vom Himmel.
Die Apostel waren überrascht.
Sie hatten keine Angst mehr.
Sie riefen laut auf den Straßen:
Jesus lebt! Jesus hat uns lieb!
Jesus ist unser Freund!
Danke, lieber Gott, für diese Botschaft!
Amen.

Pfingsten 115

Wir danken dir, Vater im Himmel,
dass du uns Jesu Geist schenkst.
Wir können sehen wie Jesus.
Wir können teilen wie Jesus.
Wir können lieben wie Jesus.
Danke für den Geist Jesu!

Papiertauben für den Pfingststrauß

Wir brauchen dazu:
- Schablone für eine Taube
- Tonpapier in verschiedenen frühlingshaften Farben
- Kleber
- Bleistift
- Schere
- dünner Faden

So wird's gemacht:
Tonpapier einmal falten, die Taubenschablone auf das gefaltete Papier legen und die Umrisse mit dem Bleistift nachzeichnen. Die Form ausschneiden, sodass zwei gleiche Tauben entstehen. Die beiden Tauben zusammenkleben; dabei ein Stück Faden zwischen die Flügel einlegen und so mit festkleben, dass der Faden von einer Flügelspitze zur nächsten reicht. An diesen Fäden die Tauben an den Zweigen des Pfingststraußes aufhängen.

Erdbeerbowle

Wenn Pfingsten auf einen späten Termin fällt, ist bereits die erste Beerenzeit angebrochen. Neben Himbeeren, die jetzt zu reifen beginnen, können wir die ersten Erdbeeren im Garten oder auf Feldern pflücken und daraus eine köstliche, vitaminreiche Erdbeerbowle machen.

Wir brauchen dazu:
- 1 kg Erdbeeren
- etwas Zucker
- ein wenig Himbeersirup oder Zitronensaft
- 1–2 l Mineralwasser

So wird's gemacht:
Die Erdbeeren waschen, abtropfen lassen, klein schneiden und mit etwas Zucker in einem Krug ansetzen. Je nach Geschmack noch etwas Himbeersirup oder Zitronensaft dazugeben, mit Mineralwasser auffüllen, umrühren – fertig!

Die Pfingstrosen blühen

Spätestens zu Pfingsten blühen in vielen Gärten die Pfingstrosen. Die prächtigen Blüten, die wir jetzt bewundern können, sind rot, schneeweiß oder rosarot.
Der Name „Pfingstrose" ist irreführend, denn diese Blumen sind gar keine Rosen. Der Gärtner nennt sie Päonien. Die Pfingstrose kommt ursprünglich aus China und steht dort für Schönheit und Reichtum. Gerne wird sie als Hausmittel bei Gichtschmerzen verwendet.

Zum Schmunzeln

Sophie, die längere Zeit erkrankt war, soll im Religionsunterricht drankommen. „Wie lange hast du denn gefehlt?", fragt die Lehrerin. „Seit der Herabkunft des Heiligen Geistes", besinnt sich Sophie.

„Warum bekommen wir denn eigentlich die Pfingstferien?", will die Lehrerin wissen. Niemand meldet sich.
„Nun", erklärt sie daraufhin der Grundschulklasse, „weil an Pfingsten der Heilige Geist kommt."
„Da wird sich meine Mutter schön ärgern", meint die kleine Sabine, „wir wollten an Pfingsten nämlich wegfahren!"

„Wann feiert die Kirche das Pfingstfest?", fragt der Lehrer im Religionsunterricht den zehnjährigen Oliver. „Sind Sie aber vergesslich!", antwortet dieser. „In der letzten Stunde haben Sie mich schon dasselbe gefragt. Ich habe Ihnen doch gesagt, dass ich es nicht weiß!"

Fotonachweis:

S.5: © Annett Goebel / fotolia.com
S.6: © Renate Franke / Pixelio
S.7: © Igor Nikolayev / fotolia.com
S.8, 78: © UMA / fotolia.com
S.9: © Mellimage / fotolia.com
S.12 li: © den sorokin / fotolia.com
S.12 re: © Sebastian Kaulitzki / fotolia.com
S.14: © Tino Baab / fotolia.com
S.15: © Joy Fera / fotolia.com
S.18: © Sergey Ilin / fotolia.com
S.19, 41: © Klausi / Pixelio
S.20: © Vitaliy Pakhnyushchyy / fotolia.com
S.21: © Indigo Fish / fotolia.com
S.22, 23, 63 u li: © Anna Khomulo / fotolia.com
S.23 re: © Doreen Salcher / fotolia.com
S.24, 50, 73: © Franz Josef Rupprecht / www.kathbild.at
S.25: © XJ6652 / fotolia.com
S.26: © Birgit Reitz-Hofmann / fotolia.com
S.27 li, re: © wrw / Pixelio
S.27 Mitte, 47, 89, 103: © Webgalerist / fotolia.com
S.28, 60: © Hallgerd / fotolia.com
S.30, 67: © Kateryna Nikulina / fotolia.com
S.31, 56, 65 o, 90: © Stephanie Hofschlaeger / Pixelio
S.32 o: © Volodymyr Kaznovskyi / fotolia.com
S.32 u: © Ernst Rose / Pixelio
S.33: © Yvonne Bogdanski / fotolia.com
S.34: © Sunnydays / fotolia.com
S.35: © drizzd / fotolia.com
S.36 o: © Miroslav Tolimir / fotolia.com
S.36 u: © Bratwurstle / fotolia.com
S.37: © ArTo / fotolia.com
S.38: © brongkie / fotolia.com
S.39: © bilderbox / fotolia.com
S.40: © Angela Köhler / fotolia.com
S.42: © Ramona Marina / fotolia.com
S.43 li, 46 o, 77 u, 84 li, 108f.: © Olga Shelego / fotolia.com
S.43 re: © Marty Kropp / fotolia.com
S.44: © Christa Eder / fotolia.com
S.45 o: © Marem / fotolia.com
S.45 u, 64 o: © Digitalpress / fotolia.com
S.46 u, 53, 84 re, 106: © Eric Isselée / fotolia.com
S.48: © kryczka / fotolia.com
S.49: © fotofrank / fotolia.com
S.51, 66: © kiki / fotolia.com
S.52: © Carmen Steiner / fotolia.com
S.54: © blake / fotolia.com
S.55: © Elgreco111 / fotolia.com
S.57: © Katia Pointurier / fotolia.com
S.58: © Günther Dotzler / Pixelio
S.59: © Paul Murphy / fotolia.com
S.61: © oli_green / fotolia.com
S.62: © Sandra Brunsch / fotolia.com
S.63 o: © Elenathewise / fotolia.com
S.63 u re: © Ursula Deja / fotolia.com
S.64 u: © Dan Race / fotolia.com
S.65 u: © Frank Schöttke / fotolia.com
S.68, 81 u: © Alexander Jache / fotolia.com
S.69: © Christian Jung / fotolia.com
S.70: © Tom Kooning / fotolia.com
S.71: © Jose Manuel Gelpi / fotolia.com
S.72: © Nicole Effinger / fotolia.com
S.74: © Roland Schnell / fotolia.com
S.75: © makuba / fotolia.com
S.76 li: © Karl-Michael Soemer / Pixelio
S.76 re: © Anyka / fotolia.com
S.77 o: © danimages / fotolia.com
S.80: © blacksock / fotolia.com
S.81 o: © JulietPhotography / fotolia.com
S.82: © CraterValley Photo / fotolia.com
S.83: © Kramografie / fotolia.com
S.86: © Kaiya Rose / fotolia.com
S.87 li: © Ernst Fretz / fotolia.com
S.87 re, 97: © James Steidl / fotolia.com
S.88: © berwis / Pixelio
S.91: © Ramona Heim / fotolia.com
S.92: © Chris Galbraith / fotolia.com
S.93: © Balin / fotolia.com
S.94: © Georg Lehnerer / fotolia.com
S.96: © Laura Clay-Ballard / fotolia.com
S.98: © kameel / fotolia.com
S.99: © ann triling / fotolia.com
S.104 o: © Richard Oechsner / fotolia.com
S.104 u: © Daniel Etzold / fotolia.com
S.105: © lina kro / fotolia.com
S.107: © Zoja / fotolia.com
S.111: © Paul-Georg Meister / Pixelio
S.112: © MAXFX / fotolia.com
S.113: © thanh lam / fotolia.com
S.114: © AGphotographer / fotolia.com
S.115: © Bernd S. / fotolia.com
S.116 o: © Olga Rut'ko / fotolia.com
S.116 u: © Alex Kalmbach / fotolia.com
S.117: © Irina Fischer / fotolia.com
S.118 o: © Raimund / Pixelio
S.118 u: © Sergey Goruppa / fotolia.com
S.119: © Ivonne Wierink / fotolia.com

Verlag und Autor haben sich bemüht, alle Rechteinhaber in Erfahrung zu bringen. Für zusätzliche Hinweise sind wir dankbar.